Das große Kinderlesebuch

Illustrationen von Pamela Storey
Texte von June Woodman

XENOS

Die lustigen Tiergeschichten in diesem Buch sind sehr einfach erzählt und enthalten viele Wortwiederholungen. Der Großdruck erleichtert Leseanfängern von vier bis sieben Jahren die Lektüre. Am Ende jeder Geschichte werden neue Wörter wiederholt, Beobachtungsgabe und Gedächtnis noch einmal angeregt. Unsere jüngsten Leser und Leserinnen werden von den leicht verständlichen Geschichten von Emma Ente, Hans Hund, Kurt Kaninchen und Bruno Bär sicher hellauf begeistert sein.

Verantwortlich für die deutsche Ausgabe:
Copyright © 2002 XENOS Verlagsgesellschaft mbH
Am Hehsel 40, 22339 Hamburg
Übersetzung: Beate Wellmann
Copyright © 1986 Brimax Books Ltd. All rights reserved.
Texte: Pamela Storey
Illustrationen: June Woodman
Satz: KCS, Buchholz
Printed in Italy

Inhalt

Seite

Emma Ente passt
nicht auf   9

Hans Hund
sieht Gespenster   39

Kurt Kaninchen
ist glücklich   69

Emma Ente passt nicht auf

Emma Ente watschelt zum Teich. Ihre drei kleinen Entchen watscheln hinterher.
„Kommt mit mir", sagt Emma, „wir wollen alle im Ententeich schwimmen."
Aber die kleinen Entchen haben Angst. Sie wollen nicht zum Ententeich.
„Wir können doch nicht schwimmen", sagen sie.
Aber Emma Ente hört sie nicht.
Dumme Emma Ente!

Bruno Bär läuft Rollschuh.
Das macht ihm großen Spaß.
Emma Ente watschelt auf dem Weg an ihm vorbei. Die drei kleinen Entchen watscheln hinterher.
„Wo geht ihr denn hin?", fragt Bruno Bär.
„Zum Ententeich", sagt das erste kleine Entchen.
„Aber ich will da gar nicht hin."

„Warum denn nicht?", fragt Bruno Bär.
„Ich kann doch nicht schwimmen", sagt das erste kleine Entchen.
„Wir wollen deiner Mama einen Streich spielen", sagt Bruno Bär.
„Ich werde mit zum Ententeich gehen und du bleibst hier. Du kannst meine Rollschuhe haben." Das erste kleine Entchen stellt sich das sehr lustig vor. Es schnallt sich die Rollschuhe an.

Emma Ente watschelt zum Ententeich. Die zwei kleinen Entchen und Bruno Bär laufen hinterher. Aber Emma Ente passt nicht auf. Sie sieht Bruno Bär nicht.
Die beiden kleinen Entchen und Bruno Bär finden das sehr lustig. Bruno Bär spielt gerne jemandem einen Streich.

Auf dem Weg zum Ententeich treffen sie Kurt Kaninchen. Er fährt mit seinem kleinen Auto spazieren.
„Wo geht ihr denn hin?", fragt Kurt Kaninchen.
„Zum Ententeich", sagt das zweite kleine Entchen.
„Aber ich will da gar nicht hin."
„Warum denn nicht?", fragt Kurt Kaninchen.
„Ich kann doch nicht schwimmen", sagt das zweite kleine Entchen.

Kurt Kaninchen sieht Bruno Bär.
„Ich bin ein Entchen", sagt Bruno Bär. Kurt Kaninchen findet das sehr lustig.
„Ich will auch mit zum Ententeich gehen", sagt er, „Entchen kann mit meinem Auto fahren. Das ist ein lustiger Streich. Emma Ente passt nicht auf, sie sieht uns nicht."
Das zweite kleine Entchen fährt mit dem Auto davon.

So laufen sie alle zum
Ententeich.
Emma Ente,
   Bruno Bär,
     Kurt Kaninchen
und ein kleines Entchen.
Aber Emma Ente schaut sich
nicht um. Sie sieht ihre
seltsamen kleinen Entchen
nicht.

Auf dem Weg zum Ententeich treffen sie Hans Hund. Er fährt Roller.
„Wo geht ihr denn hin?", fragt Hans Hund.
„Zum Ententeich", sagt das dritte kleine Entchen.
„Aber ich will da gar nicht hin."
„Warum denn nicht?", fragt Hans Hund.
„Ich kann doch nicht schwimmen", sagt das dritte kleine Entchen.

Hans Hund findet das sehr lustig.
„Bruno Bär und Kurt Kaninchen sind sehr lustige Entchen", sagt er.
„Ich will auch mitkommen. Entchen kann mit meinem kleinen roten Roller fahren. Ich will das dritte Entchen sein. Emma Ente passt nicht auf. Sie sieht mich nicht!"

So laufen sie alle zum
Ententeich.
Emma Ente,
   Kurt Kaninchen
      und Hans Hund.
Aber kein kleines Entchen!
Egon Eule sitzt auf seinem
alten Baum.
„Uuh-huu, Uuh-huu!", ruft er.
Karla Katze springt vom Baum
herunter. Sie findet das alles
sehr lustig.

Endlich sind sie am Ententeich.
Dort treffen sie Fritz Frosch und
Max Maulwurf. Sie fragen:
„Was sind denn das für
seltsame Entchen?"
Da schaut sich Emma Ente um
und sieht sie alle. Sie bekommt
einen Schreck. Sie sucht nach
ihren Entchen. Und da kommen
sie auch schon!
Eines mit Rollschuhen,
  eines mit dem Auto,
    eines mit dem Roller.

Aber die drei kleinen Entchen sind viel zu schnell.
Sie können nicht bremsen!
PLATSCH! PLATSCH! PLATSCH!
Drei kleine Entchen fallen in den Teich. Bruno Bär, Kurt Kaninchen und Hans Hund bekommen einen Schreck.
„Was sollen wir nur tun? Die drei kleinen Entchen können doch nicht schwimmen", rufen sie.

„Seid ihr aber dumm!", sagt Emma Ente.
„Wisst ihr denn nicht, dass alle kleinen Entchen schwimmen können?"
Sie hüpft auch in den Ententeich und dann paddeln alle los.
Emma Ente vorneweg, und die drei kleinen Entchen schwimmen hinterher. Die dumme Emma Ente ist doch gar nicht so dumm!

Wiederhole diese Wörter

denken
der Schreck
das Erste
springen
das Entchen
schwimmen
der Streich

spielen
die Rollschuhe
fahren
das Zweite
lustig
der Roller
das Dritte

Was machen sie?

Rollschuh laufen

fallen

hüpfen

fahren

schimmen

Hans Hund sieht ein Gespenst

Hans Hund ist in seinem kleinen Haus. Draußen ist es sehr windig. Hans Hund schaut aus dem Fenster. Er sieht die Blätter von den Bäumen fallen.
„Das ist ein guter Tag zum Wäschewaschen", sagt er.
Hans Hund hat gern alles sauber.

Hans Hund holt seine ganze schmutzige Wäsche.
„Mein Bettlaken ist schmutzig", sagt er, „und mein Kissenbezug auch."
Hans Hund holt die Tischdecke. Er holt seinen Schal und seine schmutzigen Socken.
Er steckt alle schmutzigen Sachen in den Waschzuber.

Dann lässt Hans Hund heißes Wasser in den Waschzuber laufen. Er schüttet Seifenpulver hinein. Dann rubbelt und schrubbt er, bis seine Sachen ganz sauber sind.
Hans Hund geht hinaus und hängt seine Wäsche auf die Leine. Die Wäsche flattert im Wind.

„Jetzt will ich Emma Ente besuchen", sagt Hans Hund und läuft zum Ententeich. Emma Ente wäscht gerade ihre drei kleinen Entchen.
„Heute ist ein guter Tag zum Waschen", sagt Hans Hund.
„Du bist aber dumm!", sagt Emma Ente.
„Es ist viel zu windig. Sieh nur, deine ganze Wäsche flattert davon!"

„Oh nein!", ruft Hans Hund.
Er läuft seiner Wäsche hinterher. Er findet seine Socken in der Hecke. Er findet sein Tischtuch auf einem Busch.
Fritz Frosch findet den Schal und den Kissenbezug. Sie schwimmen im Teich.

Armer Hans Hund!
Seine ganze Wäsche ist wieder schmutzig.
Er kann sein Bettlaken nicht finden.
Es ist nicht in der Hecke.
Es ist nicht auf dem Busch.
Es schwimmt nicht im Ententeich.
Ob es wohl im Wald ist?

Im Wald ist es sehr dunkel.
Hans Hund hat Angst.
Irgendetwas macht immer
„Uuh-huu, uuh-huu!"
Hans Hund sieht etwas
Weißes.
Es sitzt oben auf einem
Baum.
Er ist nicht sehr mutig.
Hans Hund läuft schnell
davon.

Hans Hund läuft zum Haus von Kurt Kaninchen. Kurt ist draußen. Er wäscht gerade sein kleines Auto. Er rubbelt und schrubbt, bis es ganz sauber ist.
„Da ist ein Gespenst im Wald!", ruft Hans Hund.
„Nein", sagt Kurt Kaninchen.
„Doch", sagt Hans Hund.
„Es sitzt auf einem Baum."
„Das müssen wir Bruno Bär erzählen", sagt Kurt Kaninchen.

Sie laufen zum Haus von Bruno Bär. Bruno ist draußen und putzt die Fenster.
Er rubbelt und schrubbt, bis sie ganz sauber sind.
„Da ist ein Gespenst im Wald", rufen Hans Hund und Kurt Kaninchen.
„Nein", sagt Bruno Bär.
„Doch", sagen Hans Hund und Kurt Kaninchen. „Es sitzt auf einem Baum."
„Das müssen wir Emma Ente erzählen", sagt Bruno Bär.

Emma Ente und ihre Entchen sind am Ententeich. Max Maulwurf und Fritz Frosch sind auch dort.
„Da ist ein Gespenst im Wald!", rufen Hans Hund, Kurt Kaninchen und Bruno Bär.
„Ihr seid doch dumm!", sagt Emma Ente.
„Dann komm doch und sieh es dir an", sagt Hans Hund.

Da laufen sie alle in den Wald.
Sie haben alle Angst, aber sie versuchen mutig zu sein.
Dann sehen sie etwas Weißes auf einem Baum.
„Uuh-huu! Uuh-huu!", macht es.
Alle hören es.
„Das ist ein Gespenst!", sagt Emma Ente.
Sie sind überhaupt nicht mehr mutig.
Sie laufen davon.

Da kommt Karla Katze vorbei.
Sie sieht etwas Weißes.
„Uuh-huu! Uuh-huu!", macht es.
„Was ist denn das?", fragt Karla Katze.
„Da sitzt ein Gespenst auf dem Baum", sagt Hans Hund.
„Das werde ich mir ansehen", sagt Karla Katze.
„Pass bloß auf!", sagt Kurt Kaninchen.
„Das Gespenst wird dich fangen."

Aber Karla Katze ist sehr mutig.
Sie klettert auf den Baum.
Sie hebt einen Zipfel des weißen Tuches hoch.
„Uuh-huu! Uuh-huu!"
„Seht her!", ruft Karla Katze.
Und alle rufen:
„Wir kennen dich!"
Es ist gar kein Gespenst.
Es ist Egon Eule!

Wiederhole diese Wörter

windig	sauber
flattern	rufen
waschen	der Kissenbezug
das Fenster	das Seifenpulver
draußen	etwas

Kurt Kaninchen ist glücklich

Kurt Kaninchen hat Geburtstag. Er sucht alles zusammen, was er für seine Geburtstagsfeier braucht. Er findet ein Tischtuch und deckt es auf den Tisch. Er stellt das Essen auf den Tisch. Es gibt viele gute Sachen zu essen.

Kurts Freunde kommen alle zu seiner Geburtstagsfeier.
Hans Hund und Bruno Bär sind die Ersten.
„Herzlichen Glückwunsch, Kurt!", sagen sie.
„Hier ist ein Geschenk für dich", sagt Hans Hund.
Er schenkt Kurt Kaninchen einen großen roten Ball.
„Vielen Dank", sagt Kurt, „ich spiele sehr gern Ball."

Bruno Bär hat auch ein Geschenk für Kurt Kaninchen.
„Oh, seht nur! Das ist ja ein Drachen!", sagt Kurt.
„Schaut, da kommen Max Maulwurf und Fritz Frosch", sagt Bruno.
„Herzlichen Glückwunsch, Kurt", sagen sie.
Fritz schenkt Kurt Kaninchen einen großen Blumenstrauß.
„Ich liebe Blumen", sagt Kurt.

Max Maulwurf hat Kurt Möhren mitgebracht.
„Ich esse Möhren schrecklich gern", sagt Kurt Kaninchen. „Vielen Dank!"
Dann kommt Karla Katze mit einem großen Korb.
„Vielen Dank", sagt Kurt Kaninchen und tut all seine Geschenke in den Korb.

Jetzt kommt Emma Ente mit ihren drei kleinen Entchen.
Sie hat einen Geburtstagskuchen für Kurt Kaninchen gebacken.
Die drei kleinen Entchen schenken ihm viele, viele Luftballons.
Kurt Kaninchen freut sich sehr über all seine Geburtstagsgeschenke.

„Jetzt wollen wir essen!", ruft Kurt Kaninchen.
Alle setzen sich an den Tisch und fangen an zu essen.
Sie essen, bis nichts mehr übrig ist.
„Geburtstage sind toll", sagt Kurt Kaninchen. „Jetzt wollen wir etwas spielen."

Sie gehen nach draußen und spielen mit dem großen roten Ball.
Kurt wirft ihn Bruno Bär zu. Er wirft ihn hoch in die Luft. Die anderen versuchen ihn zu fangen. Sie springen ganz hoch, aber keiner kann den Ball fangen. Dann klettert Karla Katze auf den Zaun. Jetzt kann sie den Ball fangen. „Das ist ein schöes Spiel!", sagt Karla Katze.

Es wird windig. „Au fein!", ruft Kurt Kaninchen. „Jetzt können wir meinen Drachen steigen lassen."
Er holt seinen bunten Drachen und läuft los.
Es ist sehr windig und der Drachen steigt hoch in den Himmel.
„Sieh nur, wie er fliegt!", ruft Bruno Bär.

„Lass mich doch auch mal",
sagt Bruno Bär.
Der Drachen steigt hoch in
den Himmel.
„Lass mich doch auch mal",
sagt Emma Ente.
Sie läuft los, aber sie sieht
Fritz Frosch nicht.
PLUMPS!
Sie stolpert über den armen
Fritz. Emma Ente hat nicht
aufgepasst!

Emma Ente lässt den Drachen los und er steigt hoch in den Himmel.
„Oh nein!", rufen alle.
Fritz Frosch, Hans Hund und Bruno Bär springen hoch, um ihn noch zu fangen, aber der Drachen hängt ganz oben im Baum. Sie können ihn nicht erreichen.

Armer Kurt Kaninchen!
Er ist jetzt nicht sehr glücklich.
„Ich kann ihn dir
herunterholen", sagt Bruno
Bär.
Er klettert auf den Baum.
Er holt den Drachen und fängt
an wieder hinunterzuklettern.

Dann klettert Bruno Bär nicht weiter. „Oh nein!", sagt er. „Ich bin hängen geblieben!"
Bruno Bär kann nicht vom Baum herunter.
„Was sollen wir nur tun?", fragt Emma Ente.
„Ich weiß etwas!", sagt Kurt Kaninchen. Er läuft nach Hause und holt all seine Luftballons.
Dann holt er den Korb.
Er bindet die Luftballons an den Korb. Dann lässt er ihn los.

Und schon fängt der Korb an zu fliegen!
Er fliegt immer höher.
„Steig ein, Bruno!", ruft Kurt.
Bruno Bär steigt in den Korb und er fängt an zu sinken. Er sinkt immer tiefer. PLUMPS! Der Korb ist wieder unten, Bruno Bär ist wieder unten und auch der Drachen ist wieder unten!
„Was für ein schöner Geburtstag!", sagt Kurt glücklich.